Illustrations : Anja Klauss, Daneth Khong, Xavière Devos,
Anne Cresci, Mayalen Goust, Sophie Lebot et Aline Bureau
Couverture et carte : Anne Cresci

ISBN 978-2-244-41858-2

www.editionslito.com

Lito - 41, rue de Verdun 94500 Champigny-sur-Marne
Imprimé en UE - Loi n°49-956 du 16 juillet 1949
sur les publications destinées à la jeunesse
Dépôt légal : septembre 2015

Christine Palluy

Princesses du monde

Éditions Lito

Sommaire

Régions d'origine des sept princesses du monde

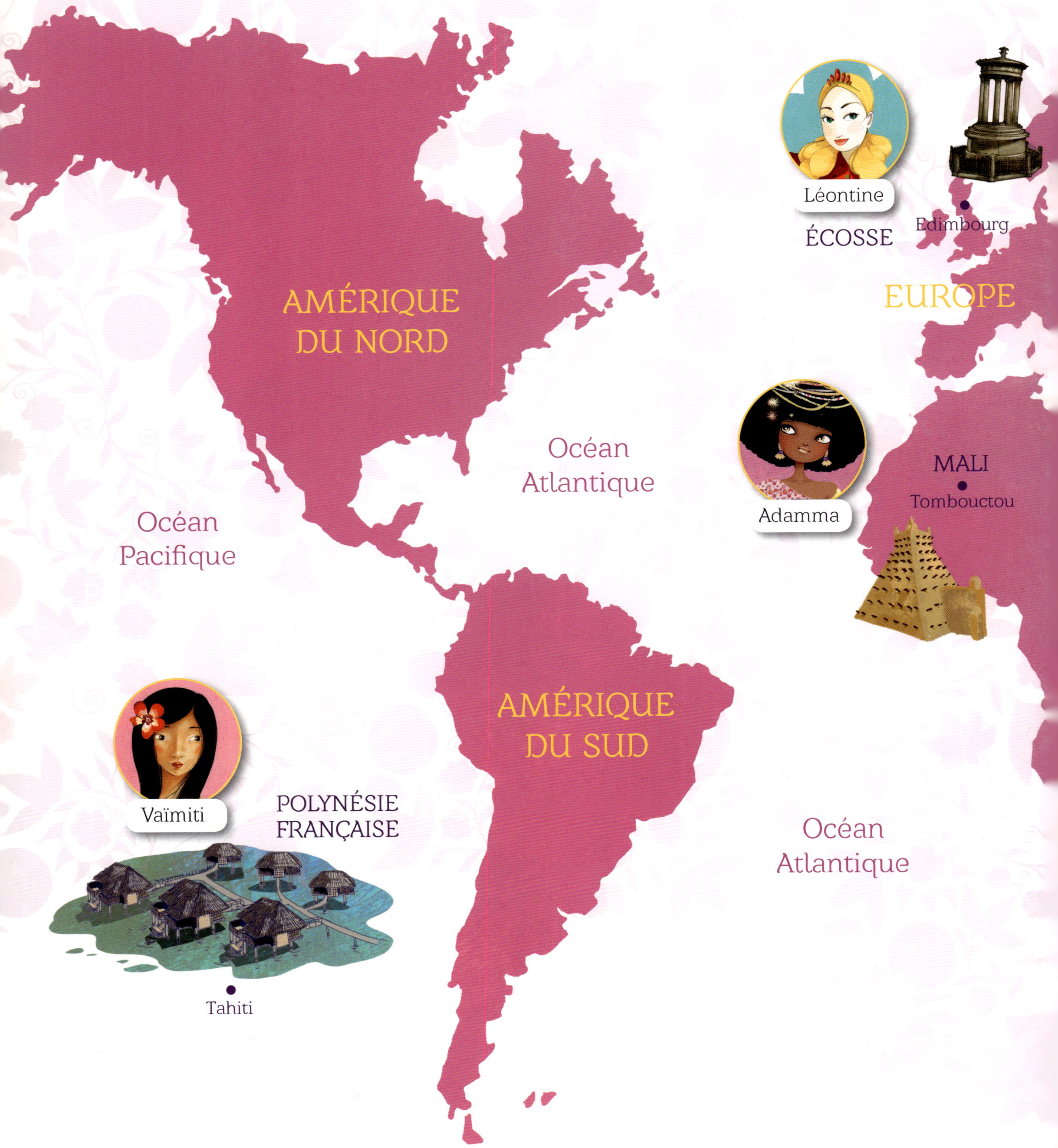

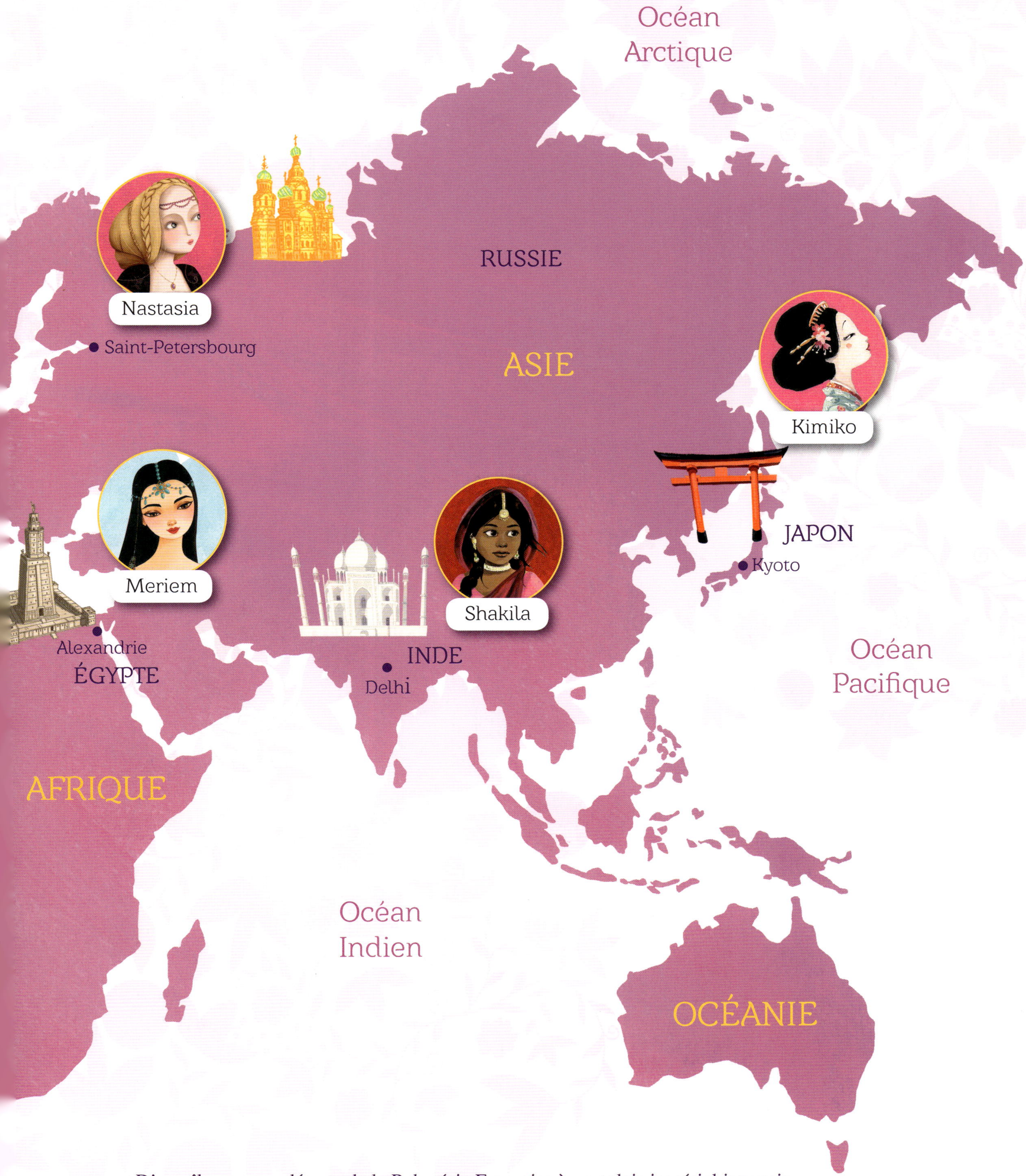

D'une île presque déserte de la Polynésie Française à un palais impérial japonais, de la savane africaine à un château écossais, en passant par le désert égyptien, une grande ville d'Inde ou les forêts enneigées de Russie, les princesses viennent de partout. De tout temps, de tout lieu, ces princesses légendaires ne cessent de faire rêver petits et grands… Ces contes vous les présentent.

Kimiko

Princesse du Japon

Comme chaque matin, au lever du soleil, la princesse Kimiko sortit seule du Palais impérial. Son chignon relevé sur la nuque, son teint de porcelaine et la finesse de sa taille faisaient rêver tous les jeunes gens de la cour. Cependant, Kimiko n'en regardait aucun.

Le jardin s'éveillait à peine. La princesse contourna les rochers joliment disposés, longea la rivière, passa le pont et continua à petits pas sur le chemin de sable blanc.

Enfin, elle s'agenouilla devant un bassin creusé dans la roche et saupoudra lentement l'eau de miettes. Aussitôt, une dizaine de carpes Koï s'agglutinèrent devant elle. Il y en avait une tachetée, deux jaunes, trois rouges et quatre noires, toutes aussi belles que rares.

Depuis des années, Kimiko passait une partie de ses matinées à admirer les magnifiques poissons de sa collection. Ce jour-là, la princesse découvrit une pensionnaire qu'elle n'avait jamais vue. Blanche et plus grosse que les autres, elle arborait avec majesté un cercle rouge sur la tête.

– D’où viens-tu ? s’étonna Kimiko. Serais-tu un cadeau de mon père ?

Bien entendu, le superbe poisson ne répondit pas, mais en quelques coups de queue, il se fraya un passage parmi les autres carpes pour être au plus près de la princesse.

À peine revenue au Palais, Kimiko remercia ses parents de leur nouveau présent.

– Je ne t’ai rien offert ces jours-ci, s’étonna son père.

Aussitôt, l’empereur et l’impératrice décidèrent de suivre leur fille jusqu’au bassin. Cependant, lorsqu’ils arrivèrent, le poisson extraordinaire n’y était pas.

– Les carpes Koï te font tourner la tête ! grommela l’empereur. À ton âge, tu devrais plutôt penser à choisir un fiancé !

– Kimiko, tu rêves trop, renchérit l’impératrice du bout des lèvres.

– Vous avez peut-être raison, en effet, s’excusa Kimiko les yeux baissés.

Le lendemain, au soleil levant, la princesse sortit seule du Palais impérial et se dirigea à petits pas vers son jardin aquatique. En arrivant, elle laissa échapper un cri de surprise. La carpe à la tache rouge l’attendait patiemment. Toute la matinée, elle fit les yeux doux à la jolie fille, mangea dans sa main, lui tint compagnie.

Pourtant, au moment où Kimiko tourna le dos, elle disparut à nouveau.

Ce manège mystérieux dura quelques semaines. Bientôt, la princesse n’eut de cesse de percer le secret de son amie cachottière. Un jour, en fin de matinée, elle réussit à piéger le poisson entre ses deux mains pour l’empêcher de fuir. Hélas, il s’échappa tout de même, entraînant

la jeune fille derrière lui. Kimiko devint si petite et légère en plongeant sous l'eau qu'elle put s'asseoir sur la carpe. Agrippée à ses nageoires, elle se laissa emporter dans un passage secret niché au fond du bassin. Le poisson rejoignit la rivière et remonta le cours de l'eau jusqu'à une immense caverne.

Freinée soudain par un rocher, Kimiko lâcha prise. La carpe, elle, continua son chemin sans s'être aperçue de rien.

La princesse remonta à la surface et reprit sa taille normale dès qu'elle grimpa sur la berge. À la fois inquiète et émerveillée, elle avança dans la grotte éclairée par un tapis de perles d'eau douce. Elle arriva bientôt devant une paroi formée par une cascade étincelante. Courageusement, elle la franchit et se retrouva dans un champ de pruniers et de cerisiers en fleurs.

Aussitôt, son kimono de soie redevint sec. L'endroit semblait désert. Au loin, le cours d'eau émergeait de la caverne pour serpenter dans la prairie. Une brise légère flottait, mille rossignols chantaient, le printemps éclatait de parfums et de douceur. Soudain, le vent souffla aux oreilles de Kimiko une conversation venant de la rivière. Vite, elle se cacha derrière un rocher pour écouter.

– Oui, je la vois tous les jours, disait une voix, mais jamais elle n'acceptera de vous épouser. Malgré ses seize ans, elle semble encore une enfant !

Kimiko pointa alors la tête pour regarder. Ce qu'elle vit la laissa bouche bée. Au milieu de tourbillons d'eau, un dragon s'adressait à la belle carpe :

– Débrouille-toi et ramène-la-moi ! grondait-il. Kimiko ne quitte jamais son palais et je ne peux y aller sans me faire repérer. Je ne te rendrai ta liberté que lorsque je pourrai l'épouser !

Après avoir prononcé ces mots, le dragon plongea et ne reparut pas. C'est alors que la princesse vit plus extraordinaire encore : en sautant hors de la rivière, la carpe Koï se transforma en beau garçon aux cheveux brillants ornés de la coiffe rouge des princes. Assis sur la berge, le jeune homme posa sa tête dans ses mains et éclata en sanglots. Kimiko, troublée, avança prudemment jusqu'à lui :

– Je savais que vous n'étiez pas une carpe Koï comme les autres, chuchota-t-elle.

Surpris, le garçon sursauta. Puis, sans un mot, il entraîna Kimiko à travers champs.

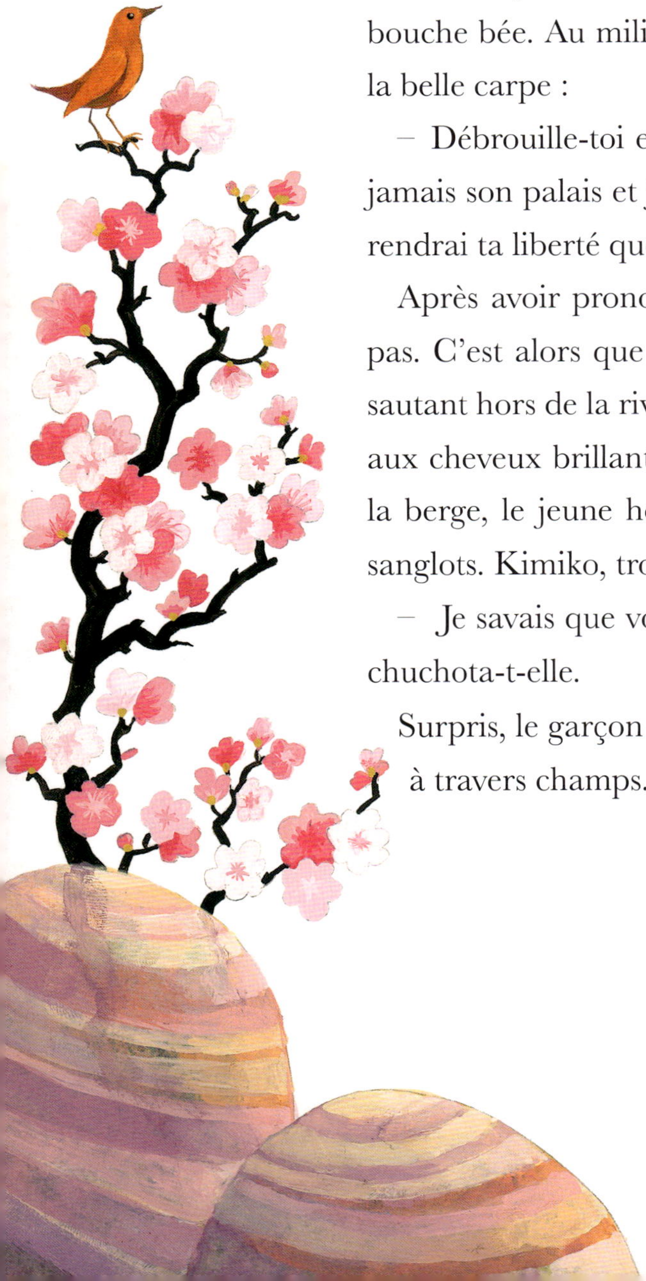

– Comment êtes-vous arrivée ici, princesse ? demanda-t-il, essoufflé, quand ils se furent abrités derrière un rocher. Je suis le prince Yoshi.

Kimiko, les yeux baissés, parla de son voyage, si légère, dans la rivière. À son tour, Yoshi raconta qu'il avait été enlevé par le roi dragon au cours d'une promenade.

– Cela est arrivé la veille du jour où vous m'avez vu dans le bassin, continua-t-il. J'ai, depuis, le pouvoir de me changer en magnifique carpe pour vous approcher et vous persuader d'épouser le roi dragon.

– Vous ne m'avez jamais rien demandé, minauda Kimiko. Dommage !

Soudain jaloux, le garçon s'emporta :

– Vous exagérez ! Depuis des semaines, en refusant de lui obéir, je risque ma vie pour vous protéger et voilà qu'aujourd'hui vous me suivez dans le lieu le plus dangereux du monde ! Vous êtes bien trop délicate pour lui, mais si vous le voulez, courez, courez l'épouser !

Hélas, le roi dragon, alerté par les cris de Yoshi, arriva en survolant les jeunes gens. Aussitôt, il jeta sur Kimiko une poignée d'une étincelante poudre de sommeil, et emporta entre ses griffes la princesse endormie.

– Comme convenu, puisque tu lui as demandé de m'épouser, tu es libre, cria-t-il au garçon. Retourne vite chez les humains, tu ne pourras plus te transformer en carpe demain !

Le cœur plein de chagrin, Yoshi obéit et descendit lentement vers la rivière. Il allait sauter dans l'eau, quand il repensa aux joues nacrées de Kimiko, à son regard velouté comme une caresse, à sa voix de rossignol lorsqu'elle chantait devant le bassin. Il ne plongea pas.

De son côté, la jeune princesse se réveilla épouvantée dans le palais du roi dragon. C'était une grotte tapissée de pierres précieuses où des

diamants reflétaient la lueur des flambeaux. Le roi dragon frappa dans ses mains griffues. Aussitôt, Kimiko découvrit autour d'elle une nuée de domestiques.

– Que l'on pare ma fiancée des plus beaux bijoux et du kimono le plus raffiné ! ordonna-t-il. Ensuite, qu'on la laisse se reposer. Je l'épouserai avant le coucher du soleil !

– Bienvenue dans ton palais, princesse Kimiko, dirent les serviteurs en saluant gravement la jeune fille.

Ils s'occupèrent d'elle une grande partie de la journée. La princesse, accablée de tristesse, ne put prononcer un mot. Enfin, le soir vint. Allongée seule sur un lit de perles de nacre rose, Kimiko réfléchissait au moyen de fuir quand elle entendit un bruit. Certaine de voir entrer le roi dragon, elle se leva. Elle retint alors un cri de joie : à la place du monstre, elle vit Yoshi se faufiler dans la chambre, un doigt sur les lèvres.

– Vite, venez avec moi, chuchota-t-il. Je vous ramène chez vous !

En sortant, Kimiko découvrit les deux gardes endormis à sa porte. Le jeune homme ouvrit sa main et lui montra un peu de poudre irisée.

– C'est avec ce sable d'étoiles que le roi dragon endort les humains, murmura-t-il. Je l'ai ramassé par terre après votre enlèvement et je m'en suis servi !

Ils quittèrent ainsi la grotte sans être inquiétés par les serviteurs assoupis. Mais, au moment où les jeunes gens entraient dans la rivière, le roi dragon apparut.

Aussitôt, Yoshi redevint poisson et emporta vite la princesse sur son dos. Malgré le tourbillon effroyable que le monstre déclencha dans les rivières du pays, ils arrivèrent par le passage secret au fond du bassin impérial. Il était temps : le sortilège de Yoshi prit fin, et c'est un beau garçon aux longs cheveux noirs qui sortit de l'eau, une coiffe rouge sur la tête et une princesse dans les bras. Amassés devant le bassin, l'empereur, l'impératrice et toute la cour restèrent stupéfaits.

Avant que son père ne prononce un mot, Kimiko raconta son aventure.

Yoshi se présenta en s'inclinant dans une profonde révérence.

– Permettez au prince d'une province éloignée de vous demander la main de votre fille.

L'empereur accepta d'un signe de la tête.

Yoshi, fou de joie, donna son bras à Kimiko. L'impératrice, l'empereur et la cour impériale les suivirent aussitôt pour annoncer la noce. Tous passèrent le petit pont, longèrent la rivière, contournèrent les rochers joliment disposés puis empruntèrent à pas pressés le chemin blanc vers le Palais.

Meriem

Princesse d'Orient

Dans un grand palais blanc, plus brillant qu'un diamant, vivait Meriem, la fille du sultan. Sa mère, aussi douce qu'une colombe, était morte à sa naissance. Son père, un homme bon et généreux, avait juré à sa femme de protéger leur enfant de l'ogresse voleuse de princesses. La menace devait cesser lors du mariage de Meriem célébré le jour de ses seize ans.

Le sultan fit appeler sa fille une semaine avant son seizième anniversaire.

– Meriem, mon enfant, lui dit-il gaiement, depuis que le prince Akim a vu ton portrait, il ne pense qu'à t'épouser ! Il s'est mis en route et sera au palais dans quelques jours.

Tout en parlant, le sultan ouvrit devant Meriem le médaillon d'or ciselé envoyé par le fiancé.

– Cet homme sera pour toi le meilleur époux qui soit, murmura-t-il.

Le rose monta aux joues de la princesse : dans le pendentif, elle découvrit le visage d'Akim délicatement dessiné. Le prince était encore plus beau qu'elle ne l'avait imaginé.

Meriem attacha le bijou à son cou et sortit marcher dans les jardins du palais. Pour rêver seule à son mariage, elle échappa à ses suivantes et se retrouva bientôt au sommet de la colline. Elle aimait cet endroit. De là, on pouvait voir la mer, la montagne et le sable du désert.

Soudain, un tourbillon gris balaya le paysage. Tour à tour, le désert, la montagne puis la mer disparurent. Une terre de cendre remplaça le sable et la forêt, tandis qu'un champ d'algues agité par le vent pleurait la Méditerranée.

Une colombe se posa sur la main de Meriem en gémissant :

– C'est Réda l'ogresse qui a volé le désert, la montagne et la mer ! Regarde, elle vient aussi d'emporter le peuple, le palais et ton père ! À présent, Réda te cherche, fille du sultan, sauve ton royaume !

Alarmée, Meriem dévala la pente de la colline et tomba nez à nez avec la vieille femme, aussi grande que grosse.

– Te voilà enfin, grogna-t-elle. J'ai eu du mal à t'attraper avant tes seize ans, mais je savais que je t'aurais ! Monte sur les souliers de Réda et ferme les yeux !

Désormais seule avec l'ogresse, la jeune princesse ne put qu'obéir. Elle voyagea longtemps sur les pieds de la vieille, emportée dans le tourbillon de vent.

Elles arrivèrent enfin devant une maison de plomb entourée d'arbres aux feuilles d'argent.

– Je ne veux que des filles de sultan pour servante ! grogna la vieille. À partir d'aujourd'hui, je te charge du ménage et de la cuisine. Tu peux aller partout dans ma demeure sauf…

Elle s'arrêta de parler pour fixer la princesse de ses petits yeux méchants.

– La pièce du fond t'est interdite, siffla-t-elle avant de montrer ses grandes dents. Si tu y entres, il t'arrivera malheur !

Les yeux baissés, Meriem se mit au travail. Pourtant, pendant qu'elle lavait ou cuisinait, elle réfléchissait au secret que la chambre cachait.

« Je suis sûre que je trouverai dans cette pièce le moyen de sauver mon père ! » pensait-elle.

Fiévreusement, elle se mit à guetter le moment où elle serait seule pour la visiter. Hélas, jamais l'ogresse ne s'absentait.

Deux jours plus tard, alors que Meriem préparait le repas, la colombe revint. Elle se posa sur une fenêtre de la cuisine :

– Certaines baies sauvages ont le pouvoir d'endormir ceux qui les croquent ! roucoula-t-elle. Est-ce que tu en veux ?

Folle d'espoir, Meriem s'écria :

– Oh oui ! Vite, ramène-m'en, s'il te plaît !

L'oiseau s'envola et reparut presque aussitôt avec trois petits fruits dans le bec.

Meriem glissa les baies dans l'assiette de ragoût avant de la servir à Réda. L'ogresse mangea avec appétit :

– J'ai encore faim, ressers-moi, grogna-t-elle, ou c'est toi que je vais avaler !

Vite, vite, Meriem fila en cuisine, mais quand elle revint, Réda s'était endormie.

Alors, sur la pointe des pieds, la princesse fila jusqu'à la chambre interdite. Sans perdre une minute, elle monta sur une chaise, prit la clé accrochée au-dessus de la porte, l'ouvrit et entra. Le souffle court et la peur au ventre, Meriem parcourut la pièce du regard. Dans une coupe posée sur une table, quatre énormes pierres précieuses scintillaient. Meriem s'approcha et saisit la verte. Aussitôt, l'émeraude devint plus claire. Surprise, Meriem l'observa mieux. À l'intérieur, elle vit des arbres bouger et la montagne gémir.

Bouleversée, la jeune fille saisit ensuite l'ambre jaune. Le sable du désert y tourbillonnait. Dans le saphir bleu, c'était la mer qui s'agitait.

Au bord des larmes, la princesse murmura :

– Tout ce que Réda a volé est enfermé dans ces pierres. Pourtant, je ne sais que faire pour délivrer mon royaume et mon père...

Elle glissa les pierres dans un voile qu'elle noua autour de sa taille. Au fond de la coupe, il restait un diamant blanc et brillant dont Meriem s'empara le cœur battant. En l'examinant, elle éclata en sanglots. Dans sa tristesse, elle avait oublié l'ogresse.

Réveillée en sursaut, Réda hurla :

– Qui se plaint ? Meriem, où es-tu ?

Brusquement, la princesse se ressaisit et franchit la fenêtre en serrant le diamant. C'est alors que le tapis envoya valdinguer la table qui l'écrasait et s'envola pour se glisser sous les pieds de Meriem.

– Sans moi, tu ne pourras pas t'échapper ! dit-il. À nous la liberté ! Cette maudite table m'a trop longtemps piétiné !

Pendant ce temps, l'ogresse continuait d'appeler sa servante. Mais devant la porte de la chambre ouverte et la coupe vide, elle comprit.

Folle de rage, elle sortit et sauta sur son cheval :

– Bel étalon, ordonna-t-elle, prends-moi sur ton dos et emporte-moi loin devant toi !

Le cheval s'élança.

– Fille de sultan, hurla Réda, je vais te rattraper et te manger !

Tout près du sol, le tapis volait à vive allure, mais la monture de la vieille, plus rapide, le rejoignait.

– Pour freiner Réda, jette l'émeraude derrière toi ! conseilla le tapis.

La princesse la lança et aussitôt, une montagne couverte de cèdres se dressa.

L'ogresse s'arrêta, hésita, mais, rapide comme la foudre, son étalon grimpa tout en haut de la montagne et rattrapa son retard.

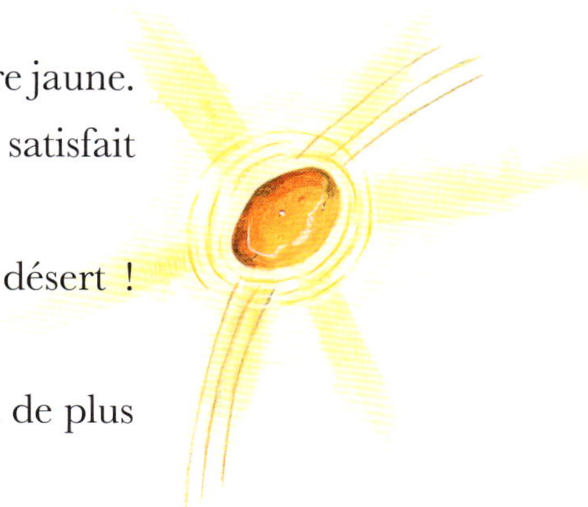

Alors, Meriem lança par-dessus son épaule la pierre d'ambre jaune. Le désert brûlant, sec et vengeur, s'étendit sous elle. Le tapis satisfait s'échappa en direction du soleil.

– Bel étalon, ne perds pas de temps à galoper dans le désert ! ordonna Réda. Vole et emporte-moi loin devant toi !

Deux ailes apparurent sur la croupe du cheval qui s'activa de plus belle. Suante et soufflant de rage, l'ogresse hurlait :

– Fillette, ne jette pas ces pierres, ou j'appelle sur toi tous les vautours du désert !

Meriem n'écouta pas. Elle lança derrière elle le saphir d'un bleu profond qui libéra la Méditerranée. Alors, sûre d'attraper enfin la princesse, l'ogresse descendit très bas, mais les vagues, furieuses d'avoir été enfermées, se vengèrent.

Ce jour-là, Réda et son cheval, emportés par la tempête, furent engloutis dans les profondeurs de la mer.

Quand le tapis volant posa enfin Meriem, la nature était sereine. La mer, la montagne et le désert coloraient le royaume. Seuls manquaient le peuple, le sultan et le palais.

Avec mille précautions, la princesse plaça devant elle le beau diamant qui l'avait fait sangloter chez l'ogresse.

Son palais blanc surgit soudain, plus beau et lumineux encore que par le passé. Le sultan en sortit et prit Meriem dans ses bras. Mais, alors que le peuple accourait pour l'acclamer, elle vit approcher une caravane de chameaux richement parés.

À ce moment précis, la colombe aux plumes douces vint se poser sur l'épaule de la princesse :

– Ma fille, aujourd'hui, tu as seize ans, siffla-t-elle. Regarde au loin ton prince arriver avec sa cour. Je te fais une promesse : belle, forte et courageuse comme tu l'es, Akim le tendre t'admirera toujours.

Vaïmiti

Princesse des Iles

Vaïmiti vivait avec ses vieux parents dans une cabane donnant sur l'océan. Pour acheter à manger, elle pêchait des coquillages qu'elle vendait au village.

De mémoire de Tahitien, jamais on n'avait vu sur l'île de fille aussi belle qu'elle. Ses cheveux noirs et lisses attiraient le soleil, ses yeux et son sourire étincelaient comme les vagues les jours de beau temps. Toutefois, ce que Vaïmiti avait de plus rare était sa voix. Lorsqu'elle chantait, la mer frissonnait et les oiseaux se taisaient pour l'écouter.

Ces trésors, les ondulations de sa voix et de son corps, faisaient tanguer les pirogues comme les garçons. Pourtant, le prince Hiro, le seul homme que la jolie Tahitienne aimait, ne la regardait pas. Son sourire brillant, son corps musclé et les tatouages de sa peau dorée le rendaient irrésistible. Parfois, lorsqu'il paraissait, vêtu de la ceinture de plumes rouges des chefs, Vaïmiti imaginait qu'il la prenait dans ses bras. Hélas, son rêve était impossible car la coutume interdisait aux princes de regarder les filles du peuple.

Ce matin-là, malgré son chagrin d'amour, la belle Vaïmiti était de bonne humeur. De ses plongeons au fond de la mer, elle avait rapporté une bonne pêche. En pagayant vers la plage, elle chanta :

Au marché, j'achèterai le plus beau paréo,
et un collier de fleurs pour plaire au prince Hiro !
Un jour, je sais qu'il m'aimera,
un jour, il en aura le droit !

L'océan, d'abord frissonnant, forma soudain de grandes vagues autour de la pirogue, et l'Esprit de la mer dressa sur l'eau sa robuste silhouette.

– Belle Vaïmiti, dit-il avec puissance, ta voix me ravit. Chaque jour où tu chanteras pour moi ainsi, je t'offrirai un poisson immortel aux ailes d'or.

En quelques secondes, l'apparition se dissipa. Vaïmiti n'était pas plus tôt revenue de sa surprise qu'une créature volante sauta dans sa pirogue. Ses écailles aux couleurs de l'arc-en-ciel étincelaient et ses nageoires dorées semblaient en dentelle. En arrivant sur le rivage, la jeune fille cacha le précieux cadeau au fond de son panier et alla s'installer au marché. C'est là qu'elle eut une idée. À peine ses coquillages vendus, elle se rendit devant la demeure royale. Elle tendit un paquet emballé dans une feuille de bananier à l'un des hommes qui gardaient le palais.

– Le prince Hiro attend ce poisson vivant, dit-elle sans rougir. Apportez-le-lui sur-le-champ !

Le serviteur s'empressa d'obéir tandis que la jolie menteuse repartait vers le village.

Le lendemain, le surlendemain et tous les

matins qui suivirent, Vaïmiti chanta à faire trembler l'océan. En guise de remerciement, elle reçut chaque jour un poisson aux ailes d'or.

– Je vais l'offrir à Hiro, le fils du chef, disait-elle aux vagues. Peut-être un jour cherchera-t-il à connaître celle qui lui apporte ces merveilles !

Bientôt, tous les nobles de l'île parlèrent des créatures précieuses, magiques et inconnues qui bondissaient dans le bassin royal. Le prince, flatté, posa quelques questions à ses gardes. Il voulut entrevoir la pauvresse capable d'offrir ces cadeaux de déesse. Alors, sans en parler à son père, il donna l'ordre de la faire entrer la prochaine fois qu'elle se présenterait au palais.

Le lendemain, Vaïmiti pénétrait, le cœur battant, dans le jardin royal. Le serviteur la fit asseoir après l'avoir accompagnée sur un chemin bordé de cocotiers. Au centre du jardin verdoyant où des colibris butinaient des fleurs parfumées, elle découvrit le fameux bassin. Avec précaution, elle y libéra le nouveau poisson aux ailes d'or et patienta. À chaque bruissement de feuilles, elle tournait la tête, cherchant son amour pourtant invisible. Vaïmiti espéra tout l'après-midi la visite de Hiro, mais il ne vint pas. Alors que le soleil déclinait, la belle se découragea et décida de rentrer chez elle. La chanson triste qu'elle fredonna en partant ensorcela les oiseaux et fascina Hiro. En effet, depuis le début, il observait Vaïmiti bien caché dans une cabane de jardinier. Elle était si gracieuse, son visage semblait si doux qu'il n'avait pu la quitter des yeux. Sans le savoir, le prince cachottier venait de tomber amoureux.

– Ce n'est qu'une fille de pêcheur et je ne l'aimerai jamais ! se répétait-il pour s'en convaincre. D'ailleurs, je n'aurais pas le droit de l'épouser !

Cependant, à la seconde où il la laissa s'éloigner, il attendit avec fièvre de la revoir le lendemain. Hélas, le lendemain, Vaïmiti ne vint pas. Elle était retournée pêcher et chantait d'une voix désespérée. Et l'Esprit de la mer, plus charmé que jamais, avait provoqué la tempête pour l'attirer au fond de l'eau.

Quand, depuis son palais, Hiro entendit la mer se déchaîner, il crut Vaïmiti noyée.

Il n'eut plus envie de paraître aux côtés de son père, plus envie de régner, plus envie de respirer. Il décida de faire porter chaque matin un repas aux parents de Vaïmiti et resta assis tous les jours jusqu'à la nuit devant le bassin.

– J'aurais pu la retenir, murmurait-il sans cesse. J'aurais pu convaincre mon père, l'épouser et faire d'elle une princesse, mais je n'ai rien fait. Il est trop tard, trop tard…

Cela dura des mois. Un jour, une des créatures magiques sauta de l'eau pour souffler à l'oreille du jeune homme :

– Vaïmiti t'attend. Brave ton père, brave ton peuple, brave la mer pour la chercher !

Le prince Hiro se leva d'un bond, d'un bond aussi étonnant que celui des poissons. Il quitta le jardin et se précipita à l'intérieur du palais.

– Ils parlent, ils m'ont parlé ! cria-t-il en se jetant aux pieds de son père. Les poissons d'or m'ont dit de rejoindre ma bien-aimée. Je l'aime et je m'en vais l'épouser !

– Que dis-tu, mon fils ? hurla le chef effrayé. De qui parles-tu ? Tu as choisi une fiancée ? Pourquoi ne m'en as-tu jamais parlé ? Hiro, reste ici, tu es devenu fou !

Mais Hiro était déjà loin. Il fit transporter sa pirogue sur la plage et s'éloigna seul en pagayant hardiment sur le grand océan.

Lorsqu'il fut au large, il se dressa sur son bateau pour crier dans le vent :

– Vaïmiti, Vaïmiti ! Où es-tu ?

Comme personne ne répondait, le prince poursuivit sa route, pagayant encore, de plus en plus fort. Il supplia, renouvela son appel dix fois, cent fois, mais Vaïmiti ne venait pas.

– Vaïmiti, je suis devenu fou ! cria-t-il. D'abord, j'ai pensé que je t'oublierai et, à présent, je crois des poissons qui m'assurent que je te reverrai !

Au loin, les silhouettes des pirogues royales munies de voiles et d'oriflammes rouges se dessinaient. Lentement, elles arrivaient pour protéger le futur roi de sa folie. Il reprit de plus belle :

– Vaïmiti, je veux te regarder, je veux te parler, je veux suivre mon cœur ! Qu'importe ta richesse, je serai ton mari !

Alors, des vagues géantes s'élevèrent soudain. Déséquilibré, le prince Hiro chavira.

Il se retrouva devant un palais de coquillages au fond de l'océan.

– Quelles paroles as-tu prononcées, fils de chef ? demanda une voix puissante.

Le jeune Tahitien répéta ses derniers mots sans hésiter.

– Dites à Vaïmiti que si elle m'accepte tel que je suis, je l'épouserai telle qu'elle est !

– Tu as mis le temps, grogna l'Esprit de la mer en apparaissant. Un à un, je t'ai envoyé mes poissons magiques. Ils te parlaient d'elle chaque jour mais tu n'écoutais que ton orgueil ! Il a fallu que je te prive de cet amour pour que tu reconnaisses sa valeur !

– Vaïmiti vaut tous les royaumes ! sourit Hiro.

À ces mots, le chant de la vahiné à nouveau l'enveloppa. Il tourna la tête : Vaïmiti arrivait en lui tendant les bras.

Alors, sur l'île, les poissons aux ailes dorées quittèrent le bassin, parcoururent le ciel bleu et retombèrent en pluie jusque dans les profondeurs de l'océan. Ils remontèrent les amoureux à la surface où une multitude de pirogues les attendaient.

Ce soir-là, le peuple fêta le mariage du prince Hiro avec Vaïmiti, la première fille de pêcheur qui soit devenue princesse de Tahiti.

Adamma

Princesse d'Afrique

Voilà deux ans que Yassédi avait épousé Ngolo, le roi du village. Pourtant, jamais son ventre ne s'arrondissait.

– Si cette année, tu ne portes pas notre enfant, lui dit tristement son mari, je prendrai une seconde épouse pour assurer ma descendance !

Un matin, comme les anciens le lui avaient conseillé, la belle Yassédi partit sur le chemin rouge à la rencontre du plus majestueux des arbres. Elle marcha dans la savane jusqu'à ce qu'un baobab se dresse fièrement devant elle. Sa taille était si incroyable que ses branches disparaissaient tout là-haut, dans le ciel bleu. Yassédi comprit qu'elle avait trouvé l'arbre sacré.

Alors, comme les anciens le lui avaient conseillé, elle posa doucement ses mains sur le tronc.

– Baobab, beau baobab, murmura-t-elle, laisse-moi avoir un enfant. Selon la coutume, je promets de t'offrir ce que tu souhaites en retour.

L'arbre géant frissonna en signe d'acceptation.

Yassédi rentra chez elle. Neuf mois plus tard, elle donna naissance à une petite fille aussi rebondie et lumineuse qu'une perle de rosée. On l'appela Adamma, « enfant de la beauté », et le village entier commença à l'admirer.

Les saisons sèches succédèrent aux saisons des pluies mais jamais le baobab géant ne réclamait de cadeau. Adamma devint la plus belle et la plus douce des jeunes filles. Grande et fine,

elle avait la rondeur, l'éclat et le parfum des fruits sucrés. Tous les garçons des alentours rêvaient de la prendre pour femme, mais son père, le roi Ngolo, grondait en fronçant les sourcils :

– Mon Adamma est fille de roi, seul un prince l'épousera !

Alors, dans le village, on murmurait que la pauvre enfant jamais ne se marierait. En effet, Adamma vivait dans un endroit très reculé où les princes ne venaient jamais. Un seul, pourtant, était là. Il admirait la belle princesse en cachette et ne la quittait jamais des yeux. Ce prince-là, Ahibo, était l'amoureux le plus singulier et le plus mystérieux que l'on pouvait imaginer. Il faisait partie du monde des dieux. Son père, le Maître du temps et des saisons, réglait dans le pays la violence du soleil comme celle de la pluie, les caresses du vent comme la douceur de la nuit. Les fenêtres de son palais fabuleux s'ouvraient sur le ciel, tout en haut du très haut baobab. Et tout en haut du très haut baobab, Ahibo se morfondait.

– Père, père, soupirait-il, je voudrais tant épouser Adamma ! Hélas, jamais elle ne me verra ! Personne ne sait que nous vivons là.

– Patience, mon fils, répondait le Maître. Je suis vieux et bientôt, ton jour viendra.

Cette année-là, la saison des pluies n'arriva pas. Le Maître des saisons, fatigué, l'avait-il oubliée ? Ou rusé, l'avait-il fait exprès ? Mystère…

Toujours est-il que, sur la terre, les semaines passaient et la savane restait désespérément sèche. Les pauvres pousses de mil brûlaient dans les champs assoiffés et la famine menaçait. Bientôt, quelques villageois eurent une idée.

– Nous voulons chanter et danser pour invoquer la pluie lors d'une cérémonie sacrée, proposèrent-ils au souverain. Où qu'il soit, le Maître du temps et des saisons entendra notre prière !

Le roi Ngolo accepta.

Le lendemain, sur la place, les hommes et les femmes du village se mirent en cercle. Certains chantèrent, d'autres dansèrent au son des tam-tams et des trompes en corne. Leurs parures de perles brillaient sur leurs corps tatoués. Des grelots argentés, ornant leurs pieds nus, tintaient au rythme de leurs pas, tandis que leurs mains, tendues vers le ciel bleu, imploraient l'arrivée de la pluie.

Soudain, le soleil se voila. La reine Yassédi sentit alors un léger souffle de vent tournoyer près d'elle. Un oiseau minuscule se posa sur son épaule. Jamais on n'en avait vu d'aussi beau. Il portait les couleurs du temps, le rouge du soleil couchant et le gris de la pluie. Son long bec doré semblait un rayon de lumière. Il murmura à l'oreille de la reine :

– Yassédi, il est temps d'honorer la promesse que tu as faite voilà vingt ans au baobab géant. Dis au revoir à ton enfant et demande-lui de se rendre au pied de l'arbre sacré.

La reine, effrayée, courut prendre la princesse dans ses bras.

L'oiseau merveilleux voleta alors jusqu'à l'oreille du roi :

– Si tu ne donnes pas Adamma, jamais plus la pluie ne tombera.

Le roi, chagriné, regarda sa fille puis le peuple affamé qui s'était arrêté de danser. Il prit sa décision :

– Adamma, il est temps de quitter tes parents, lui dit-il tristement, le baobab sacré te réclame. Si tu acceptes, la pluie reviendra grâce à toi.

La belle Adamma ne dormit pas cette nuit-là. Au petit matin, elle enfila ses plus beaux vêtements et embrassa ses parents en pleurs. Le village entier la suivit en dansant jusqu'au chemin de terre rouge. Alors, l'oiseau magique survint pour prendre le relais. Il la guida avec légèreté en voletant vers le baobab sacré. Sur leur route, les lions rugissaient, les girafes saluaient et les gazelles arrêtaient leur course en signe de respect.

Enfin, l'arbre majestueux apparut devant eux. Émerveillée, Adamma en fit le tour. Quand elle revint à son point de départ, l'oiseau minuscule était devenu gigantesque.

– Monte sur mon dos, siffla-t-il, je t'emmène là-haut.

Une princesse noire posée entre ses ailes rouges, l'oiseau tournoya puis se posa sur la plus haute branche. De son bec de lumière, il poussa une porte incrustée dans le tronc.

– Bienvenue dans ton palais ! dit-il alors qu'elle entrait.

Adamma resta bouche bée. La pièce, immense et percée de mille fenêtres, était baignée de soleil. Au fond, de gros nuages noirs s'entassaient dans un filet que le vent balançait doucement. Il faisait doux à l'intérieur, et le bois sentait bon.

– Bienvenue chez moi, reprit-il avec malice, je suis le Maître du temps et des saisons !

Adamma se retourna et poussa un cri de surprise. L'oiseau avait pris l'apparence d'un vieil homme à la barbe blanche. Il l'invita à s'asseoir.

– Veux-tu devenir la compagne du Maître des saisons ? demanda-t-il. Veux-tu, chaque matin, décider avec lui si le jour amènera le soleil ou la pluie ? Si tu refuses, je te laisserai partir. N'aie crainte, je ne laisserai pas tes champs mourir de soif.

– Si j'accepte, je devrais vous épouser ? répondit-elle en baissant les yeux.

Le vieux maître éclata de rire :

– Moi ? Je suis bien trop âgé ! C'est le prince Ahibo, mon fils, qui te désire pour femme. Si tu dis oui, je le sacrerai Maître des saisons. Grâce à lui, tu auras le pouvoir de décider du temps et moi, je pourrai me reposer un peu.

Avant même qu'Adamma ne réponde, le jeune Ahibo entra. Son visage était fin, son corps, aussi élancé que musclé, portait en lui la lumière du matin. Il dévisagea la jeune fille :

– Père, s'exclama-t-il, je rêve ? Est-ce la belle Adamma, là, devant moi ?

– C'est bien elle, répondit le vieillard, et à voir son sourire, je devine qu'elle a choisi de t'épouser !

Le mariage de la princesse Adamma et du prince Ahibo dura trois jours de soleil et trois nuits de pluie. Le vent tiède, les éclairs, le tonnerre et la douceur y furent invités.

Le Maître du temps offrit à son fils le ballet des saisons et put enfin, de temps en temps, prendre le temps de voir passer le temps.

Léontine

Princesse d'Europe

Il y a de cela fort longtemps, une petite fille belle comme la lumière naquit par un matin chantant. Son père, le roi, et sa mère, la reine, s'aimaient tendrement et ils éprouvèrent une joie immense à l'arrivée de leur enfant. Son teint était nacré comme la lune, ses boucles semblaient faites de soleil, et le vert de ses yeux avait la profondeur de la forêt. On l'appela Léontine. Comme cela se faisait en pareil cas, le roi et la reine organisèrent le baptême et convièrent dans leur château des gens très comme il faut.

La fête fut très belle. On fit rôtir cent cochons, on dansa le rigaudon, on entonna quelques chansons et on croqua, entre deux conversations, gâteaux, dragées et bonbons.

Une à une, toutes les fées du pays défilèrent avec leur reine devant la petite fille. Elles lui offrirent la grâce, l'intelligence, la richesse et toutes sortes de vertus qui conviennent aux princesses.

Remerciées par les heureux parents, les fées repartaient en voletant dans l'air parfumé du printemps. Cependant, les deux dernières qui se présentèrent se détestaient. Arrivée en retard, Flora joua des coudes, passa devant Luce et lança :

– Léontine sera aussi rusée et aussi adroite que moi, la fée Flora !

– Soit, c'est ton choix et n'y revenons pas, siffla Luce vexée, mais Léontine sera aussi curieuse, coléreuse et capricieuse que toi !

– Soit, c'est ton choix et n'y revenons pas, ronchonna Flora, mais le plus charmant des princes choisira Léontine. Ce n'est pas toi qu'il aimera !

– Soit, c'est ton choix et n'y revenons pas, hurla Luce, mais lorsque son prince la verra pour la première fois, pouf ! elle disparaîtra ! Ha ! Ha !

Les parents affolés avaient appelé la reine des fées. D'un regard courroucé, elle arrêta la dispute :

– Léontine ne disparaîtra pas, décida-t-elle. Elle sera juste transportée dans la forêt enchantée. Maintenant, mesdemoiselles les fées, rentrons, nous avons des comptes à régler !

Avant de partir, la reine des fées souffla un ultime don à la princesse :

– Belle enfant, dans ma forêt, tes boucles d'or deviendront magiques. Alors, il suffira que le prince pose un baiser sur un de tes cheveux pour que tout soit arrangé !

C'est sur ces mots que la fête s'arrêta. Le regard fuyant et les bras ballants, chacun s'en retourna chez soi.

Le soir même, le roi et la reine entreprirent tout autour du château la construction d'un immense mur anti-prince afin que leur fille jamais ne disparaisse.

Les saisons se succédèrent. Derrière les remparts imprenables, la petite merveille devint aussi belle, intelligente et adroite que capricieuse. Toute la journée, elle dansait, grimpait ou tapait du pied afin que la moindre de ses fantaisies soit exaucée. C'est ainsi que Léontine put dresser un aigle royal, adopter un dragon de cirque et faire obéir au doigt et à l'œil un régiment de puces savantes. Cependant, bien qu'épuisées, sa nourrice et ses bonnes refusaient net de la laisser sortir. De plus, les ordres du roi étaient formels : tous les princes qui se présentaient devaient être poliment mais fermement renvoyés.

Alors que le roi et la reine cachaient à Léontine le mauvais sort qui lui avait été jeté, la princesse guettait le moment où elle désobéirait.

Le jour de ses dix-huit ans, Léontine fut laissée seule un instant. Suivie de son aigle royal, elle en profita pour entreprendre l'escalade du rempart par la face nord. Personne, parmi les gardes, la nourrice et les bonnes revenues en hâte, ne put l'en dissuader. Le temps qu'ils courent prévenir le roi, la jolie curieuse était debout au sommet de la muraille. Elle aperçut un prince devant le pont-levis. De son mouchoir raffiné, il épongeait délicatement son front en tirant la sonnette.

– Ciel, que ce jeune homme est beau ! s'exclama-t-elle. Je veux l'épouser dès demain ! Mais avant, voyons ce qu'il tient dans sa main !

D'un battement d'ailes et d'un coup de bec délicat, l'aigle alla chercher le carré de dentelle pour l'offrir à sa maîtresse. Le prince suivit l'oiseau des yeux, découvrit la belle juchée sur son rempart et en tomba follement amoureux. Mais hélas, comme prévu, Léontine disparut en serrant le précieux tissu entre ses doigts menus.

Elle se retrouva assise sur un rocher moussu, perdue au milieu d'une forêt inconnue.

– Comment suis-je arrivée ici ? se demanda-t-elle en regardant le mouchoir de dentelle. Se peut-il que l'amour donne à ce point des ailes ?

Sur la branche d'un chêne millénaire, trois vieux moineaux bedonnants approuvèrent en gazouillant.

– La princesse Léontine est amoureuse ! frétillèrent-ils en chœur.

– Où suis-je tombée ? demanda la jeune fille.

– Dans la forêt enchantée de la reine des fées, répondit l'un des oiseaux. Ici, tous les animaux t'aideront, sauf le loup. Ne lui parle pas, il montre les dents et fait tout le temps son intéressant.

La princesse haussa les épaules.

– Je m'en fiche du loup, grogna-t-elle, je veux sortir, c'est tout !

– Tu es ici pour une petite centaine d'années, repris le moineau bavard. Mais rassure-toi : après, tu pourras t'en aller.

Léontine bondit en hurlant et en tapant du pied :

– Ah, mais ça ne va pas du tout ! Je veux épouser mon prince dès demain !

– Utilise ta chevelure ensorcelée ! pépièrent les deux autres oiseaux.

Léontine, qui ignorait ses dons, trouva ces moineaux fort mal élevés. Elle riposta qu'elle n'avait pas des cheveux de sorcière et s'aventura seule dans la forêt. À la recherche de la reine des fées, elle croisa des châtaignes querelleuses, des violettes rieuses et des champignons en rang d'oignons devant une chorale de papillons.

Hélas, au détour du chemin, une rivière profonde et tumultueuse l'empêcha d'aller plus loin. En cherchant une solution pour la traverser, Léontine repensa aux paroles des oiseaux. Après tout,

ils avaient peut-être cherché à l'aider en lui révélant un secret ? Elle s'arracha un long cheveu d'or pour l'observer. Mais il s'envola, se posa sur l'eau et se transforma en pont que la princesse, étonnée et satisfaite, franchit aussitôt.

Cependant, elle ne chemina pas longtemps. Le hurlement qu'elle entendit la cloua sur place. Un loup terrifiant, aussi grand qu'un cheval, venait à sa rencontre.

– Que fais-tu ici, malheureuse ? grogna-t-il en découvrant ses crocs. Je garde le domaine secret des fées et personne ne doit passer !

Léontine fut si agacée que sa peur disparut :

– Les princesses ont tous les droits, annonça-t-elle en pinçant les lèvres. Ne me contrarie pas !

– Princesse de rien du tout, siffla la bête, prends tes jambes à ton cou ou je te dévore, toi et tes froufrous !

Léontine, à qui jamais personne n'avait parlé ainsi, tapa des deux

pieds. La colère lui donna des idées : le long cheveu qu'elle passa très vite autour du cou du loup devint une bride d'or. Le monstre, soudain docile, laissa la jolie fille grimper sur son dos.

– Emmène-moi voir les fées ! ordonna-t-elle en tenant les rênes bien serrées. Dépêche-toi, mon prince m'attend devant chez moi !

La bête courut à travers bois et déposa la belle devant une splendide demeure faite de fleurs géantes entremêlées.

La reine des fées en sortit. Son rire ressemblait à une cascade d'eau fraîche :

– J'étais sûre que tu saurais te servir de ta chevelure enchantée, princesse Léontine ! dit-elle.

La jeune fille fronça les sourcils :

– Majesté, qui a eu l'idée de cette plaisanterie ? Je n'ai rien à faire ici !

D'un sourire, la reine répondit :

– Le sortilège disparaîtra si le prince Louis pose un baiser sur tes cheveux… Je mets à ta disposition les insectes et les animaux de la forêt. Débrouille-toi ou tu resteras cent ans ici avec moi !

Pour réfléchir, Léontine alla s'asseoir dans une clochette de muguet géant. Et c'est balancée au gré du vent qu'elle imagina un plan. Soudain, elle sauta à terre :

– Que l'on me donne une aiguille ! dit-elle.

Une abeille se précipita pour lui apporter la plus belle. Léontine y enfila un de ses cheveux et entreprit de broder son prénom sur le mouchoir de dentelle. Lorsqu'elle eut terminé, elle alla voir la reine des fées.

– Je vais rendre ce mouchoir à son propriétaire, dit-elle. Qui peut m'aider ?

– Willy fera ça pour toi, sourit la fée en claquant des doigts.

L'écureuil qui avait tout écouté attrapa le morceau de tissu, disparut, et le posa au pied du prince Louis devant le pont-levis.

Au château, le temps qui s'était arrêté reprit son cours. Le jeune homme sortit de sa torpeur, remarqua le prénom brodé sur son carré de dentelle et le couvrit amoureusement de baisers. Alors, Léontine apparut brusquement sur le rempart.

Le roi, alerté, arrivait à grandes enjambées :

– Descends, ma beauté ! cria-t-il. Je dois t'avouer un secret : si, par malheur, un prince te voyait, tu disparaîtrais !

– Trop tard, c'est déjà fait, répondit-elle. Mais pas de panique, le sortilège est levé ! Qu'on aille ouvrir à Louis, il tire la sonnette. Je veux l'épouser au son des trompettes !

Un mariage magnifique eut lieu le jour suivant. On y convia toutes les fées, y compris Flora et Luce, les deux amies réconciliées par un beau soir de printemps, dix-huit ans plus tôt exactement.

Nastasia

Princesse de Russie

Nastasia avait dix ans quand son père, le tsar Ivan, veuf depuis longtemps, se remaria. À peine plus âgées que Nastasia, les deux filles de la nouvelle tsarine étaient aussi odieuses et laides que Nastasia était douce et belle. La belle-mère et les deux sœurs détestèrent tout de suite la jeune princesse. Leur jalousie augmenta à mesure que les années passaient. Pourtant, le tsar, trop occupé à régner sur son empire, ne se rendit compte de rien.

Il appela les trois jeunes filles un matin.

– Vous êtes toutes en âge de vous marier, dit-il. Je vais donner un grand bal où les princes du pays pourront vous rencontrer et me demander vos mains.

La grande fête eut lieu un mois plus tard. Aucun garçon ne fut assez fou pour choisir l'une des deux méchantes sœurs, mais lorsqu'ils découvrirent Nastasia, cent jeunes gens demandèrent sa main. Sa belle-mère, jalouse, trouva un moyen d'éliminer tous les prétendants :

– Cher mari, grinça-t-elle, je vous propose d'organiser une épreuve. Accordez votre fille au prince capable de faire sonner d'une seule flèche le carillon du village voisin !

Le tsar Ivan, ravi de cette idée, fit apporter son plus bel arc sur la terrasse. Les jeunes gens se précipitèrent. Un à un, ils tirèrent en direction du carillon mais hélas, tous manquèrent la cible. La reine satisfaite chuchotait à son mari de les renvoyer quand, à la porte de la salle de bal, une grosse voix grogna :

– Je veux essayer, moi aussi !

Aussitôt, l'affolement s'empara de l'assistance. Blottis derrière les rideaux, les fauteuils et les tables, les invités virent un ours brun se diriger vers la terrasse. L'énorme animal empoigna l'arc, saisit une flèche et la lança si bien et si loin que les cloches du village voisin carillonnèrent à tout rompre. Il s'inclina devant le tsar :

– Moi, Nikolaï, prince de la forêt, grogna-t-il, j'ai l'honneur de vous demander la main de Nastasia toute belle.

Ivan allait refuser quand la tsarine, sentant là une belle vengeance, dit à voix haute :

– Une promesse de tsar est sacrée, tout le monde le sait ! Nastasia doit épouser le vainqueur !

Le tsar ne put qu'accepter. Dans la salle de bal, on célébra aussitôt le mariage et l'ours emporta dans ses bras la princesse muette de peur.

Dehors, des chevaux attelés à une troïka* décorée les attendait en piaffant. Les nouveaux époux parcoururent les chemins enneigés en direction de la forêt.

– Nastasia toute belle, murmura l'ours d'une voix caressante, ne pleurez plus et donnez-moi votre confiance. Un jour, si vous m'aimez, je ferai de vous la plus heureuse des tsarines.

Ils s'arrêtèrent bientôt dans une grande clairière où, malgré l'hiver, un pommier d'or conservait une branche fleurie. L'ours descendit de la troïka, puis détacha et mangea l'unique pomme de l'arbre.

* Une troïka est un traîneau russe tiré par un attelage de trois chevaux.

À peine avait-il posé le trognon sur le sol et disposé les douze pépins tout autour, qu'un palais multicolore, hérissé de douze tourelles aux toits ronds et pointus se dressa devant eux.

– Bienvenue chez nous, ma toute belle, dit-il de sa voix grave.

Fascinée, Nastasia sécha ses larmes et poussa la porte du château au bras de son mari. Au moment où il entrait, l'ours brun devint un magnifique prince aux cheveux dorés. La coiffure et la robe de la princesse se parèrent de pierres précieuses tandis que des dizaines de musiciens, venus d'on ne sait où, les entourèrent avec leurs violons. Nastasia, charmée, dansa toute la soirée dans les bras de son bel époux. Au petit matin, Nikolaï s'expliqua :

– L'année dernière, j'ai refusé d'épouser Baba-Yaga la sorcière. Elle m'a condamné à vivre sous les traits d'un ours jusqu'à ce qu'une princesse me prouve son amour. J'errais désespéré dans la forêt quand le pommier magique m'a pris en pitié. Grâce à lui, ma vie est moins triste : je redeviens prince le soir dans ce château.

– J'aimerais vous aider, répondit Nastasia.

– Alors, personne ne doit connaître l'existence du pommier d'or, murmura le jeune homme, et si un jour vous m'aimez, nous pourrons être heureux.

Plusieurs semaines passèrent. Chaque matin, le château disparaissait jusqu'à la nuit suivante où une nouvelle pomme naissait sur le pommier. Alors, les amoureux entraient pour danser, rire et passer la nuit ensemble. Dans la journée, l'ours Nikolaï partait dans les bois

tandis que parfois, la princesse Nastasia se rendait au palais en troïka. Le tsar, pétri de remords d'avoir permis un tel mariage, accueillait sa fille à bras ouverts. Pour qu'il la laisse repartir sans qu'elle révèle le secret de Nikolaï, elle promettait à son père de vite revenir.

Un matin, l'ours et la princesse s'éveillèrent en sursaut dans la clairière. Il était midi et le château, poussé sous la lune, s'était évanoui. Seule subsistait de l'enchantement la tenue de soirée que portait Nastasia. La princesse alla tout de même voir le tsar au palais, mais par malheur y rencontra ses deux sœurs.

– Raconte ! siffla la première. C'est ton ours de mari qui t'a offert cette toilette magnifique ?

– Tu n'as pas l'air malheureuse dans ta forêt, continua la seconde. Quel est ton secret ?

Nastasia tenta de leur échapper sans répondre. Mais les jalouses la poursuivirent jusqu'à ce qu'elles voient briller un drôle de bijou dans la natte de Nastasia.

– Regardez-moi ça, railla l'aînée, la fille du tsar orne ses cheveux d'un trognon de pomme en or !

Shakila

Princesse des Indes

Tous les matins, la fille du raja se promenait dans la ville à l'abri d'un howdah* porté par un éléphant.

Girish avait dix ans la première fois qu'il la vit. Ce jour-là, l'orage se fit menaçant et les voilages colorés du palanquin virevoltèrent au gré du vent. Girish, qui brodait assis à la lumière devant la boutique de son père, leva la tête et aperçut par hasard le visage de la princesse Shakila. Elle devait avoir le même âge que lui, sa beauté était parfaite mais lorsqu'elle le regarda, il fut frappé par la mélancolie infinie de ses yeux noirs.

Le pachyderme continua lourdement sa route et le rideau de soie, relâché par le vent, reprit sa place avec nonchalance. Shakila s'éloigna. Pourtant, le souvenir de son regard sombre resta dans l'esprit de Girish.

– Papa, que se passe-t-il au palais en ce moment ? demanda-t-il en passant un fil d'or dans le chas de son aiguille.

Le père de Girish était le brodeur le plus réputé du pays et se rendait souvent dans les appartements royaux pour apporter le travail qu'on lui avait commandé.

* Un howdah est un siège de bois recouvert de feuilles d'argent et d'or, que les princes et princesses d'Inde utilisent pour se déplacer.

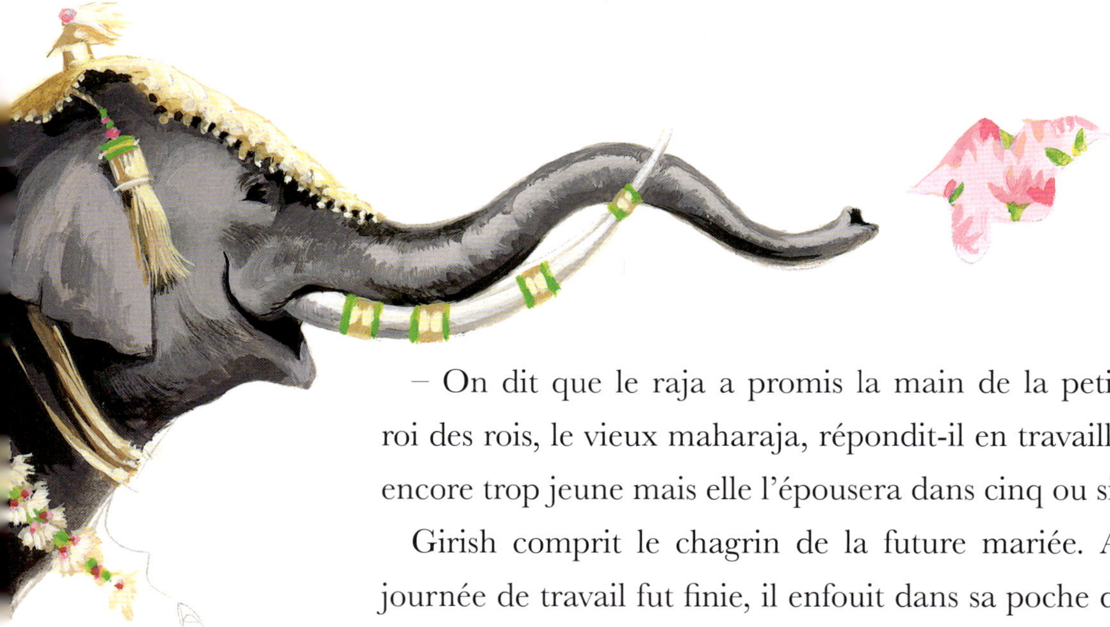

– On dit que le raja a promis la main de la petite princesse au roi des rois, le vieux maharaja, répondit-il en travaillant. Shakila est encore trop jeune mais elle l'épousera dans cinq ou six ans.

Girish comprit le chagrin de la future mariée. Aussi, quand la journée de travail fut finie, il enfouit dans sa poche des perles et des pelotes soyeuses de fils multicolores. C'est à la lueur de la bougie qu'il broda pour elle son premier cadeau.

Cette nuit-là, il ne dormit presque pas. Au petit matin, il avait terminé un mouchoir brodé représentant Shakila sur son éléphant.

« Elle sera moins triste quand elle le regardera », pensa Girish en soufflant la chandelle aux premières lueurs du jour.

En fin de matinée, l'enfant attendit le cortège royal puis il suivit à distance l'éléphant décoré. Ce n'est que devant le palais qu'il trouva le courage d'offrir son présent. Il accrocha la ficelle de son petit paquet à une perche qu'il introduisit discrètement derrière les voiles du howdah. Hélas, le cri de surprise de la princesse alerta ses deux gardes du corps qui se lancèrent aussitôt à la poursuite du jeune brodeur. Il fut sauvé par le labyrinthe des ruelles qu'il connaissait par cœur.

Le lendemain, alors que Girish réalisait un travail difficile, l'éléphant royal passa à nouveau devant la boutique. De peur d'être reconnu, le garçon garda soigneusement la tête baissée. Mais une boule de papier froissé, arrivée soudain sur son ouvrage, lui fit lever les yeux : derrière le rideau entr'ouvert, la princesse lui souriait. Girish déplia le message et se découvrit dessiné aux côtés de Shakila. Tous deux tenaient à la main les outils du brodeur.

À partir de ce jour, sans que Girish comprenne pourquoi, l'éléphant royal ne passa plus. Quelque temps plus tard, son père revint soucieux du palais.

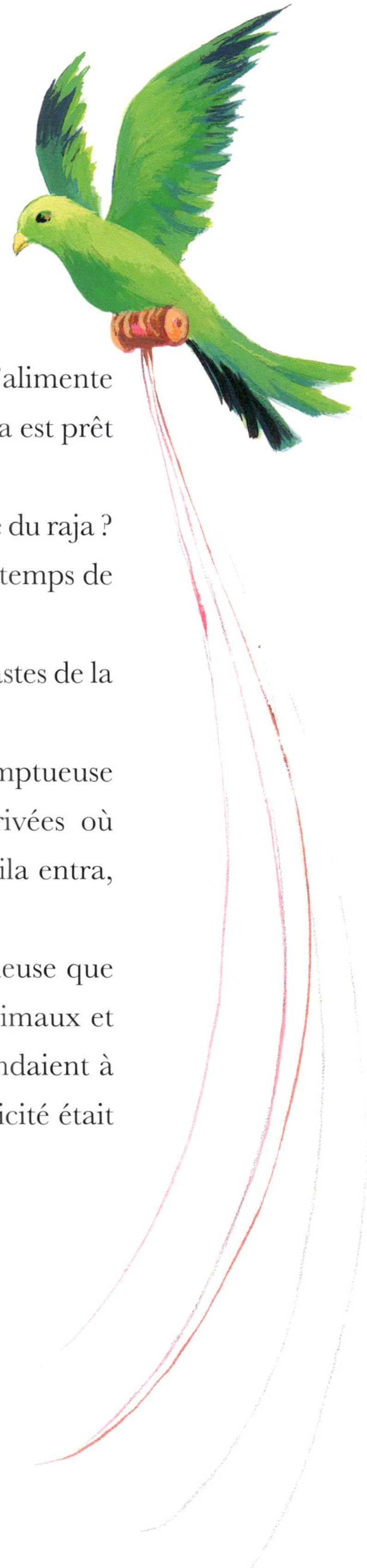

– La princesse Shakila est tombée malade, dit-il. Elle ne s'alimente plus. Sa seule envie est d'apprendre l'art de la broderie ! Le raja est prêt à tout pour que sa fille guérisse. Elle t'attend.

– Je… je dois aller la voir ? balbutia le garçon. C'est… un ordre du raja ?

– Oui, répondit le père d'un air grave. Tu vivras au palais le temps de lui enseigner ce que tu sais ! Sois prudent…

Girish n'écoutait plus, il avait envie de danser. Il imagina les fastes de la cour, les yeux de Shakila et le bonheur de travailler à ses côtés.

Dès le lendemain, vêtu de neuf, il se présenta devant la somptueuse demeure. On l'accompagna dans la salle des audiences privées où serviteurs et précepteurs pouvaient le surveiller. La jolie Shakila entra, les yeux baissés, et s'installa pour la première leçon.

Les saisons passèrent et la princesse se montra aussi travailleuse que douée. En quelques années, elle fut capable de broder des animaux et des jardins plus vrais que nature. Les deux adolescents s'entendaient à merveille, riaient et parlaient tout en progressant. Leur complicité était connue de tous au palais.

Cependant, la mélancolie de la princesse revint un jour, brusquement.

– À présent tu es un jeune homme, murmura-t-elle à Girish, et moi, j'aurai quinze ans demain. Mon père m'a fait savoir que j'épouserai le grand maharaja le mois prochain ! Nous ne devons plus nous voir.

Girish serra les poings, baissa la tête, et rassembla ses affaires. Au moindre mot d'amour, il aurait été emprisonné sur-le-champ. Lentement, il quitta la salle des audiences et rentra accablé de chagrin chez son père.

Cette nuit-là, Shakila fit un rêve fou. Aussitôt éveillée, elle voulut penser qu'il s'accomplirait et demanda à voir son père.

– Votre altesse, m'autorisez-vous à broder un tigre sur mon sari de mariage ? demanda-t-elle. Je souhaite me présenter à mon mari avec l'emblème hindou du pouvoir et de la noblesse.

Le raja, ravi que sa fille cherche à plaire au maharaja, permit tout ce qu'elle voulut.

Elle se mit au travail. Sur son long sari de mariage, elle commença à tracer l'animal sauvage. Elle y mit tant d'énergie, tant de rage et de volonté à la fois, que son ouvrage avança à grands pas. Dans le regard du félin, elle broda la détermination. Dans la puissance de ses griffes, elle plaça la révolte des filles mariées de force, et dans la douceur de sa fourrure, elle mit tout son amour pour Girish. L'immense broderie fut bientôt saisissante de vie.

Vint enfin le jour des noces. Le grand maharaja se présenta au palais accompagné de sa cour. Shakila apparut au vieil homme en sari de mariée.

– Princesse, dit-il d'un ton cassant, j'espère que vous serez docile. Les fils que j'aurai de vous hériteront de votre royaume en plus du mien.

Le mari choisi par son père était pire qu'elle ne l'avait imaginé ! Elle tressaillit et sa colère fut telle que le songe qu'elle avait fait devint réel. Soudain vivant, le tigre brodé sur son sari bondit sur le maharaja, le renversa puis le laissa se relever sans même l'avoir égratigné.

L'assistance cria d'effroi mais hurla plus encore lorsque le félin quitta le palais en portant sur son dos la princesse émerveillée. Ils parcoururent ensemble la ville à la vitesse du vent. Dans les rues et sur les places, piétons, charrettes et vaches sacrées s'écartaient pour les laisser passer.

Assis devant la boutique de son père, Girish ne brodait pas. Les yeux dans le vide, il songeait à Shakila, quand son rêve, aussi, se réalisa : la belle princesse lui apparut et l'invita d'un sourire à monter sur son tigre.

Ils s'enfuirent tous deux loin, très loin du palais.

Cependant, dans la ville où ils s'arrêtèrent, enfin en sécurité, on leur révéla une terrible nouvelle : le maharaja, profondément vexé, avait déclaré la guerre au père de Shakila.

Alors, les amoureux inquiets eurent la même idée. Ils brodèrent avec toute l'énergie de leur amour un tigre d'or et de soie blanche. Lorsqu'un soir ils apprirent que l'armée du maharaja atteignait le palais, leur effroi fut tel que la broderie prit vie. Girish enfourcha son magnifique animal et fut aussitôt suivi dans sa course par Shakila sur son propre félin. Ils arrivèrent très tôt ce matin-là. Aux portes de la ville, les troupes du grand maharaja entouraient le palais, prêts à l'envahir. Dans la lumière rasante du soleil, les soldats virent soudain deux formidables tigres bondir dans leur direction.

L'un d'eux était si grand, si blanc, si brillant qu'ils prirent son cavalier pour le dieu Shiva lui-même. La jeune femme était si belle et semblait si puissante qu'ils crurent voir une déesse descendue du ciel. Terrorisés, ils s'enfuirent à toutes jambes. En moins d'une journée, la ville de Shakila était libérée.

Le raja, flatté et impressionné, n'hésita pas à marier sa fille à Girish. Toute sa vie, il le prit pour un dieu bienveillant qui, en toute modestie, pratiquait la broderie.